핵심 공략집
프로그래밍 언어

"이" 한 권으로 합격의 "기적"을 경험하세요!

차례

PART 01 | SQL

CHAPTER 01 데이터 정의어(Data Definition Language) ▶ 4

CHAPTER 02 데이터 조작어(Data Manupulation Language) ▶ 6

PART 02 | C언어

CHAPTER 01 C언어 구조와 입출력하기 ▶ 18

CHAPTER 02 변수와 연산자 ▶ 21

CHAPTER 03 제어문 ▶ 26

CHAPTER 04 배열과 포인터 ▶ 34

CHAPTER 05 함수(Function) ▶ 41

PART 03 | Java

CHAPTER 01 클래스와 객체 ▶ 50

CHAPTER 02 상속과 추상 클래스 ▶ 54

CHAPTER 03 예외 처리 ▶ 61

CHAPTER 04 배열 ▶ 63

CHAPTER 05 인터페이스(Interface)와 람다식(Lambda expression) ▶ 68

PART 04 | Python

CHAPTER 01 제어문 ▶ 72

CHAPTER 02 파이썬 자료구조 ▶ 75

CHAPTER 03 함수(Function) ▶ 81

CHAPTER 04 클래스(Class) ▶ 83

▶ 표시된 부분은 동영상 강의가 제공됩니다. 이기적 홈페이지(license.youngjin.com)에 접속하여 시청하세요.

▶ 제공하는 동영상과 PDF 자료는 1판 1쇄 기준 2년간 유효합니다. 단, 출제기준안에 따라 동영상 내용은 변경될 수 있습니다.

## PART 01

SQL

데이터 정의어
(Data Definition Language)

POINT 01 　테이블 생성하기(CREATE)

Q1 아래의 조건으로 테이블을 생성하는 CREATE문을 작성한다.

- 학생 테이블 속성은 '학번', '이름', '학과명', '전화번호', '성별', '나이', '등록금'으로 하고 기본키는 '학번'으로 한다.
- 학과 테이블 속성은 '학과번호', '학과명', '교수이름', '사무실'로 하고 기본키는 '학과번호'로 한다.
- 각 속성의 데이터 타입은 속성의 특성을 고려하여 적당한 형식과 크기로 설정한다.
- 학과 테이블의 학과번호를 학생 테이블의 외래키로 추가하여 관계를 설정한다.
- 학과 테이블에서 튜플이 삭제될 때 학생 테이블의 외래키는 null 값을 갖도록 설정한다.

```sql
-- 학과 테이블 생성
CREATE TABLE 학과 (
  학과번호 INT PRIMARY KEY,
  학과명 VARCHAR(20),
  교수이름 VARCHAR(10),
  사무실 VARCHAR(10)
);
-- 학생 테이블 생성
CREATE TABLE 학생 (
  학생번호 INT PRIMARY KEY,
  이름 VARCHAR(10),
  학과명 VARCHAR(20),
  전화번호 VARCHAR(20),
  성별 VARCHAR(10),
  나이 INT,
  장학금 INT,
  학과번호 INT,
  FOREIGN KEY (학과번호) REFERENCES 학과(학과번호)
     ON DELETE SET NULL
);
```

SELECT * FROM 학과;

학과번호	학과명	교수이름	사무실

SELECT * FROM 학생;

학생번호	이름	학과명	전화번호	성별	나이	장학금	학과번호

POINT 02 　테이블 변경하기(ALTER)

Q1　학과 테이블에 '전화번호' 속성을 추가한다. 이때 기본값을 1588−0789로 설정한다.

```
ALTER TABLE 학과
ADD COLUMN 전화번호 VARCHAR(20) DEFAULT '1588−0789';
```


SELECT * FROM 학과;

학과번호	학과명	교수이름	사무실	전화번호

Q2　학생 테이블에서 학과명 속성을 삭제한다.

```
ALTER TABLE 학생
DROP COLUMN 학과명;
```


SELECT * FROM 학과;

학생번호	이름	전화번호	성별	나이	장학금	학과번호

Q3　학과 테이블에서 전화번호 속성을 삭제한다. 이때 참조하고 있는 테이블이 있다면 연쇄 삭제되도록 설정한다.

```
ALTER TABLE 학과
DROP COLUMN 전화번호 CASCADE;
```


SELECT * FROM 학과;

학과번호	학과명	교수이름	사무실

데이터 조작어
(Data Manupulation Language)

▶ 합격 강의

POINT 01　데이터 입력하기(INSERT)

Q1　아래의 데이터를 학과 테이블에 입력하는 INSERT문을 작성한다.

학과번호	학과명	교수이름	사무실
100	컴퓨터공학	신아람	D201
200	전자공학	이정숙	D202
300	자동차학	김태영	D203
400	경영학	이대현	NULL

```
INSERT INTO 학과 (학과번호, 학과명, 교수이름, 사무실)
VALUES
(100, '컴퓨터공학', '신아람', 'D201'),
(200, '전자공학', '이정숙', 'D202'),
(300, '자동차학', '김태영', 'D203'),
(400, '경영학', '이대현', NULL);
```

결과

SELECT * FROM 학과;

학과번호	학과명	교수이름	사무실
100	컴퓨터공학	신아람	D201
200	전자공학	이정숙	D202
300	자동차학	김태영	D203
400	경영학	이대현	NULL

Q2 아래의 데이터를 학생 테이블에 입력하는 INSERT문을 작성한다.

학생번호	이름	전화번호	성별	나이	장학금	학과번호
202201	홍길동	010-1234-5**8	남	20	100	100
202202	이순신	010-1234-4**7	남	24	50	200
202203	안창호	010-1234-1**4	남	21	0	300
202204	이율곡	010-1234-1**5	남	29	50	400
202205	강감찬	010-1234-1**4	남	22	200	200
202206	신사임당	010-1234-1**9	여	28	70	300
202207	성춘향	010-1234-9**6	여	21	100	400
202208	김유신	010-1234-8**5	여	20	200	100
202209	허난설헌	010-1234-7**4	여	26	150	200
202210	정몽주	010-1234-8**7	남	24	0	400

```
INSERT INTO 학생 (학생번호, 이름, 전화번호, 성별, 나이, 장학금, 학과번호)
VALUES
(202201, '홍길동', '010-1234-5**8', '남', 20, 100, 100),
(202202, '이순신', '010-1234-4**7', '남', 24, 50, 200),
(202203, '안창호', '010-1234-1**4', '남', 21, 0, 300),
(202204, '이율곡', '010-1234-1**5', '남', 29, 50, 400),
(202205, '강감찬', '010-1234-1**4', '남', 22, 200, 200),
(202206, '신사임당', '010-1234-1**9', '여', 28, 70, 300),
(202207, '성춘향', '010-1234-9**6', '여', 21, 100, 400),
(202208, '김유신', '010-1234-8**5', '여', 20, 200, 100),
(202209, '허난설헌', '010-1234-7**4', '여', 26, 150, 200),
(202210, '정몽주', '010-1234-8**7', '남', 24, 0, 400);
```

결과

SELECT * FROM 학생;

학생번호	이름	전화번호	성별	나이	장학금	학과번호
202201	홍길동	010-1234-5**8	남	20	100	100
202202	이순신	010-1234-4**7	남	24	50	200
202203	안창호	010-1234-1**4	남	21	0	300
202204	이율곡	010-1234-1**5	남	29	50	400
202205	강감찬	010-1234-1**4	남	22	200	200
202206	신사임당	010-1234-1**9	여	28	70	300
202207	성춘향	010-1234-9**6	여	21	100	400
202208	김유신	010-1234-8**5	여	20	200	100
202209	허난설헌	010-1234-7**4	여	26	150	200
202210	정몽주	010-1234-8**7	남	24	0	400

Q1　이름이 '안창호'인 레코드의 장학금을 70으로 변경하는 UPDATE문을 작성한다.

```
UPDATE 학생
SET 장학금 = 70
WHERE 이름 = '안창호';
```

결과

SELECT * FROM 학생;

학생번호	이름	전화번호	성별	나이	장학금	학과번호
202201	홍길동	010-1234-5**8	남	20	100	100
202202	이순신	010-1234-4**7	남	24	50	200
202203	안창호	010-1234-1**4	남	21	70	300
202204	이율곡	010-1234-1**5	남	29	50	400
202205	강감찬	010-1234-1**4	남	22	200	200
202206	신사임당	010-1234-1**9	여	28	70	300
202207	성춘향	010-1234-9**6	여	21	100	400
202208	김유신	010-1234-8**5	여	20	200	100
202209	허난설헌	010-1234-7**4	여	26	150	200
202210	정몽주	010-1234-8**7	남	24	0	400

Q2 이름의 성이 '강'인 레코드의 장학금을 50 줄이는 UPDATE문을 작성한다.

```
UPDATE 학생
SET 장학금 = 장학금 − 50
WHERE 이름 LIKE '강%';
```

결과

SELECT * FROM 학생;

학생번호	이름	전화번호	성별	나이	장학금	학과번호
202201	홍길동	010−1234−5**8	남	20	100	100
202202	이순신	010−1234−4**7	남	24	50	200
202203	안창호	010−1234−1**4	남	21	70	300
202204	이율곡	010−1234−1**5	남	29	50	400
202205	강감찬	010−1234−1**4	남	22	150	200
202206	신사임당	010−1234−1**9	여	28	70	300
202207	성춘향	010−1234−9**6	여	21	100	400
202208	김유신	010−1234−8**5	여	20	200	100
202209	허난설헌	010−1234−7**4	여	26	150	200
202210	정몽주	010−1234−8**7	남	24	0	400

Q1 학번이 202209인 레코드를 삭제하는 DELETE문을 작성한다.

```
DELETE FROM 학생
WHERE 학생번호 = 202209;
```

결과

SELECT * FROM 학생;

학생번호	이름	전화번호	성별	나이	장학금	학과번호
202201	홍길동	010-1234-5**8	남	20	100	100
202202	이순신	010-1234-4**7	남	24	50	200
202203	안창호	010-1234-1**4	남	21	70	300
202204	이율곡	010-1234-1**5	남	29	50	400
202205	강감찬	010-1234-1**4	남	22	150	200
202206	신사임당	010-1234-1**9	여	28	70	300
202207	성춘향	010-1234-9**6	여	21	100	400
202208	김유신	010-1234-8**5	여	20	200	100
202210	정몽주	010-1234-8**7	남	24	0	400

Q1   학과 테이블에서 교수이름과 사무실을 검색하는 SELECT문을 작성한다.

```
SELECT 교수이름, 사무실
FROM 학과;
```

결과

교수이름	사무실
신아람	D201
이정숙	D202
김태영	D203
이대현	NULL

Q2   학생 테이블에서 장학금이 200 이상인 레코드의 이름과 전화번호를 검색하는 SELECT문을 작성한다.

```
SELECT 이름, 전화번호
FROM 학생
WHERE 장학금 >= 200;
```

결과

이름	전화번호
김유신	010-1234-8**5

Q3 학생 테이블에서 장학금이 100 이상이고 150 이하인 레코드의 학번과 이름을 검색하는 SELECT문을 작성한다.

```
SELECT 학생번호, 이름
FROM 학생
WHERE 장학금 >= 100 AND 장학금 <= 150;
```

또는

```
SELECT 학생번호, 이름
FROM 학생
WHERE 장학금 BETWEEN 100 AND 150;
```

결과

학생번호	이름
202201	홍길동
202205	강감찬
202207	성춘향

Q4 학생 테이블에서 학과번호를 중복 없이 검색하는 SELECT문을 작성한다.

```
SELECT DISTINCT 학과번호
FROM 학생;
```

결과

학과번호
100
200
300
400

Q5 학생 테이블에서 학과번호가 400인 레코드의 이름, 전화번호, 나이를 나이의 오름차순으로 검색하는 SELECT문을 작성한다.

```
SELECT 이름, 전화번호, 나이
FROM 학생
WHERE 학과번호 = 400
ORDER BY 나이 ASC;
```

결과

이름	전화번호	나이
성춘향	010-1234-9**6	21
정몽주	010-1234-8**7	24
이율곡	010-1234-1**5	29

Q6 학생 테이블에서 학과번호가 200인 레코드의 개수를 '전자공학 학생수'로 검색하는 SELECT문을 작성한다.

```
SELECT COUNT(*) AS '전자공학 학생수'
FROM 학생
WHERE 학과번호 = 200;
```

결과

전자공학 학생수
2

Q7 학생 테이블에서 학과 인원수가 3명 이상인 학과를 대상으로 학과번호별 장학금 합계를 '학과 장학금 합계'로 검색하는 SELECT문을 작성한다.

```
SELECT 학과번호, SUM(장학금) AS '학과 장학금 합계'
FROM 학생
GROUP BY 학과번호 HAVING COUNT(학과번호)>=3;
```

결과

학과번호	학과 장학금 합계
400	150

Q8 학과 테이블에서 학과명이 '컴퓨터공학'이거나 '경영학'인 교수이름을 검색하는 SELECT 문을 작성한다.

```
SELECT 교수이름
FROM 학과
WHERE 학과명 IN ('컴퓨터공학', '경영학');
```

또는

```
SELECT 교수이름
FROM 학과
WHERE 학과명 = '컴퓨터공학' OR 학과명 = '경영학';
```

결과

교수이름
신아람
이대현

Q9 학과 테이블과 학생 테이블에서 학과명이 '자동차학'인 학생이름과 전화번호를 검색하는 SELECT문을 작성한다.

```
SELECT 학생.이름, 학생.전화번호
FROM 학생 JOIN 학과
ON 학생.학과번호 = 학과.학과번호
WHERE 학과.학과명 = '자동차학';
```

또는

```
SELECT 학생.이름, 학생.전화번호
FROM 학생, 학과
WHERE 학생.학과번호 = 학과.학과번호 AND 학과.학과명 = '자동차학';
```

결과

이름	전화번호
안창호	010-1234-1**4
신사임당	010-1234-1**9

Q10 학과 테이블에서 사무실이 NULL인 레코드의 교수이름을 검색하는 SELECT문을 작성한다.

```
SELECT 교수이름
FROM 학과
WHERE 사무실 IS NULL;
```

결과

교수이름
이대현

 조인하기(JOIN)

[도서]

도서번호	도서명	가격
101	Python	10000
102	SQL	15000
103	Java	20000

[주문]

주문번호	도서번호
A001	101
B005	102
C017	105

Q1 도서 테이블과 주문 테이블을 (INNER) JOIN하는 SELECT문을 작성한다.

```
SELECT *
FROM 도서
(INNER) JOIN 주문 ON 도서.도서번호 = 주문.도서번호;
```

결과

도서번호	도서명	가격	주문번호	도서번호
101	Python	10000	A001	101
102	SQL	15000	B005	102

```
SELECT *
FROM 도서
LEFT JOIN 주문 ON 도서.도서번호 = 주문.도서번호;
```

결과

도서번호	도서명	가격	주문번호	도서번호
101	Python	10000	A001	101
102	SQL	15000	B005	102
103	Java	20000	NULL	NULL

Q3 도서 테이블과 주문 테이블을 RIGHT JOIN하는 SELECT문을 작성한다.

```
SELECT *
FROM 도서
RIGHT JOIN 주문 ON 도서.도서번호 = 주문.도서번호;
```

결과

도서번호	도서명	가격	주문번호	도서번호
101	Python	10000	A001	101
102	SQL	15000	B005	102
NULL	NULL	NULL	C017	105

Q4 도서 테이블과 주문 테이블을 FULL OUTER JOIN하는 SELECT문을 작성한다.

```
SELECT *
FROM 도서
FULL OUTER JOIN 주문 ON 도서.도서번호 = 주문.도서번호;
```

결과

도서번호	도서명	가격	주문번호	도서번호
101	Python	10000	A001	101
102	SQL	15000	B005	102
103	Java	20000	NULL	NULL
NULL	NULL	NULL	C017	105

PART **02**

C언어

C언어 구조와 입출력

POINT 01   C언어 구조

소스코드

```c
#include <stdio.h>
int main() {
    printf("Hello C-Language!\n");
    return 0;
}
```

출력

```
Hello C-Language!
```

해설

C언어의 구조

- 항상 main() 함수가 있어야 하며 main() 함수가 가장 먼저 수행된다.
- 위에서 아래로 한 문장씩 차례로 실행된다.
- 문장 끝에는 항상 세미콜론(;)이 필요하다.

소스코드

```c
#include <stdio.h>

int main() {
    int num;
    printf("정수를 입력하세요: ");
    scanf("%d", &num);
    int doubled = num * 2;
    printf("입력한 정수의 두 배는 %d입니다.\n", doubled);
    return 0;
}
```

입력

```
10
```

출력

```
입력한 정수의 두 배는 20입니다.
```

해설

scanf() 함수 이용하여 키보드로 값 입력받기

- 항상 scanf() 함수 사용하기 전에 변수를 생성한다.
- 데이터 형에 따라 서식 문자 사용하여야 한다.
- scanf( )에서 항상 값을 받을 변수 앞에 주소 연산자(&)를 사용한다.

소스코드

```c
#include <stdio.h>
int main() {
  printf("내 이름은 %s입니다.\n", "영진");
  printf("나는 %d명의 오빠, %s이 있습니다.\n", 1, "이기적");
  return 0;
}
```

출력

```
내 이름은 영진입니다.
나는 1명의 오빠, 이기적이 있습니다.
```

해설

① 서식 문자(format specifier)

- 서식 문자는 항상 '%' 문자로 시작한다.
- 서식 문자와 1:1 대응되는 데이터가 항상 필요하다
- 서식 문자와 데이터 타입의 형식은 항상 같아야 한다.

② 서식 문자의 종류

서식 문자	데이터 타입	데이터 표현
%c	1개 문자	'G', 'f', 'c'
%s	문자열(1개 이상의 문자들)	"G" "I love C." "사과"
%d	정수(소수점 없는 수)	3, −4, 190, 1
%f	실수(소수점을 포함하는 수)	1.5, 0.125, 10.98, 1.0

POINT 01 변수

소스코드

```c
#include <stdio.h>
int main() {
    int age;
    double height, weight;
    char type='A';
    age=24; height=175.4; weight=61.8;
    printf("나이 : %d살\n", age);
    printf("키 : %fcm\n", height);
    printf("몸무게 : %lfkg\n", weight);
    printf("혈액형 : %c타입\n", type);
    return 0;
}
```

출력

```
나이 : 24살
키 : 175.4
몸무게 : 61.8
혈액형 : A
```

① 변수의 4가지 요소

변수를 만드는 것 하나만으로도 많은 의미를 갖게 되며, 변수를 만드는 것을 선언이라고 한다.

변수 타입(type)	문자형, 정수형, 실수형
변수 값(value)	변수가 가지고 있는 값
변수 이름(identifier)	각 변수 고유 이름
변수 주소(address)	메모리 안에서의 변수 위치

② 변수의 형식 지정자

문자	char
정수	int
실수	float, double

③ 변수로 출력하기

- printf() 함수로 출력할 때 변수를 사용하여 출력할 수 있다.
- 연결된 변수와 서식 문자는 형식이 같아야 오류 없이 출력할 수 있다. 맞지 않을 경우 오류가 발생하거나 예상과는 다른 값을 출력하게 된다.

소스코드

```c
#include <stdio.h>
int main() {
  int ia = 5, ib = 3;
  printf("%d + %d = %d \n", ia, ib, ia + ib);
  printf("%d - %d = %d \n", ia, ib, ia - ib);
  printf("%d * %d = %d \n", ia, ib, ia * ib);
  printf("%d / %d = %d \n", ia, ib, ia / ib);
  printf("%d %% %d = %d \n", ia, ib, ia % ib);
  printf("%d, %d \n", ++ia, --ib);  // 연산한 후 출력합니다.
  printf("%d, %d \n", ia++, ib--);  // 출력한 후 연산합니다.
  return 0;
}
```

출력

```
5 + 3 = 8
5 - 3 = 2
5 * 3 = 15
5 / 3 = 1
5 % 3 = 2
6, 2
6, 2
```

해설

① 이항 연산자

- 덧셈(+), 뺄셈(-), 곱셈(*), 나눗셈(/), 나머지(%) 등을 '이항연산자'라고 한다.
- *, /, % 연산을 먼저 하고, +, - 연산은 나중에 한다.

② 증감 연산자

- 증가 연산자(++), 감소 연산자(--) 등을 '증감 연산자'라고 한다.
- 이러한 증감 연산자를 사용하기 전에는 반드시 변수의 값이 배정되어 있어야 한다.

증가 연산자(++)	변수에 1을 증가시키는 연산자
감소 연산자(--)	변수에 1을 감소시키는 연산자

소스코드

```c
#include <stdio.h>

int main() {
    unsigned int a = 15; // 15를 2진수로 표현하면 1111입니다.
    unsigned int b = 22; // 22를 2진수로 표현하면 10110입니다.

    printf("a: %d\n", a);
    printf("b: %d\n", b);

    // 비트 AND 연산자
    unsigned int and_result = a & b;
    printf("a & b: %d\n", and_result);

    // 비트 OR 연산자
    unsigned int or_result = a | b;
    printf("a | b: %d\n", or_result);

    // 비트 XOR 연산자
    unsigned int xor_result = a ^ b;
    printf("a ^ b: %d\n", xor_result);

    // 비트 NOT 연산자
    unsigned int not_result = ~a;
    printf("~a: %u\n", not_result);

    // 좌측 시프트 연산자
    unsigned int left_shift_result = a << 2;
    printf("a << 2: %d\n", left_shift_result);

    // 우측 시프트 연산자
    unsigned int right_shift_result = a >> 2;
    printf("a >> 2: %d\n", right_shift_result);

    return 0;
}
```

```
a: 15
b: 22
a & b: 6
a | b: 31
a ^ b: 25
~a: 4294967280
a << 2: 60
a >> 2: 3
```


① 시프트 연산자

연산자의 왼쪽 값 비트 모두를 왼쪽/오른쪽 이동시킨 값을 반환한다.

a << b	a의 비트 전체를 b만큼 왼쪽으로 이동(b는 항상 양수) 후, 오른쪽 빈 공간을 0으로 채움
a >> b	a의 비트 전체를 b만큼 오른쪽으로 이동(b는 항상 양수) 후, a가 음수인 경우 왼쪽 빈 공간을 1로, 양수인 경우는 0으로 채움

② 비트 연산자

피연산자의 각각의 비트를 연산한다.

피연산자(입력 값)		비트 연산자 결과 값			
a	b	~a (부정)	a & b (비트 단위 논리곱)	a | b (비트 단위 논리합)	a ^ b (비트 단위 배타적 논리합)
0	—	1	—	—	—
1	—	0	—	—	—
0	0	—	0	0	0
0	1	—	0	1	1
1	0	—	0	1	1
1	1	—	1	1	0

제어문

POINT 01 if문

소스코드

```c
#include <stdio.h>

int main() {
    unsigned int a = 4; // 4를 2진수로 표현하면 100이다.

    a = a << 1;

    if (a == 8) {
        printf("shift 연산 후 8입니다.\n");
    } else {
        printf("shift 연산 후 %d입니다.\n", a);
    }

    a = a >> 2;

    if (a == 2) {
        printf("shift 연산 후 2입니다.\n");
    } else if (a == 1) {
        printf("shift 연산 후 1입니다.\n");
    } else {
        printf("shift 연산 후 %d입니다.\n", a);
    }
    return 0;
}
```

shift 연산 후 8입니다.
shift 연산 후 2입니다.

① if ~ else문

if문의 조건에 만족하면 if문에 포함된 명령을 수행하고 그렇지 않은 경우 else문에 포함된 명령을 수행한다.

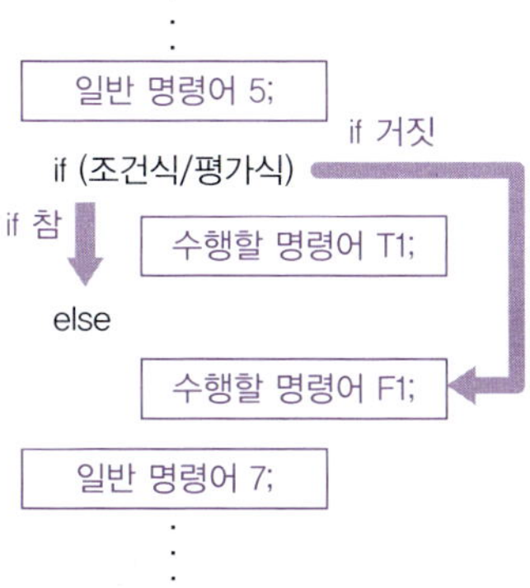

② if ~ else if ~ else

if문의 조건에 만족하면 if문에 포함된 명령을 수행하고 그렇지 않으면 else if의 조건을 검사한다. else if문의 조건에 만족하면 포함된 명령을 수행하고 그렇지 않은 경우 else문에 포함된 명령을 수행한다.

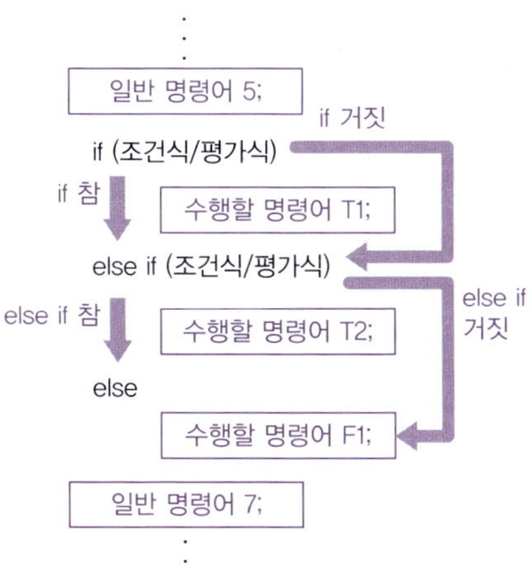

소스코드

```c
#include <stdio.h>

int main() {
    int count = 0, sum = 0;

    while(count < 10) {
        sum += count;
        count++;
    }
    printf("합계: %d\n", sum);
    return 0;
}
```

출력

```
합계: 45
```

해설

while

- while문의 조건이 참이면, while문에 관련된 명령어(들)를 수행한다.
- 관련된 명령어(들)를 수행한 다음에 while의 조건을 다시 평가한 후, 결과 값이 거짓이면 while문을 종료하고 참이면 다시 while에 포함된 명령을 수행한다.

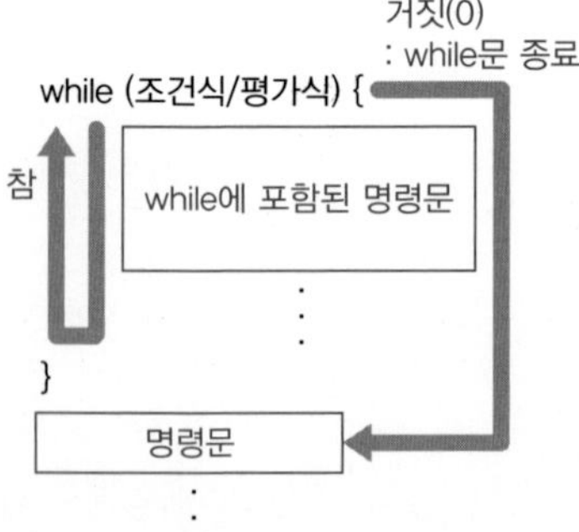

소스코드

```c
#include <stdio.h>

int main() {
    int i, j;
    int matrix[3][3] = {
        {1, 2, 3},
        {4, 5, 6},
        {7, 8, 9}
    };

    for(i = 0; i < 3; i++) {
        for(j = 0; j < 3; j++) {
            printf("%d ", matrix[i][j]);
        }
        printf("\n");
    }

    return 0;
}
```

출력

```
1 2 3
4 5 6
7 8 9
```

① for문

- for 반복문에는 초기화식, 조건식/평가식, 증감식을 사용한다.
- 초기화식에는 for 반복문을 종료하는데 사용되는 제어변수를 초기화한다.
- 조건식/평가식에서 제어변수를 평가하여 참이면 for 반복문에 관련된 명령어(들)를 수행하고, 거짓이면 for문은 종료된다.
- 증감식은 for 반복문에 관련된 명령어(들)를 수행 후, 카운터 값을 증가/감소하는 역할을 한다.

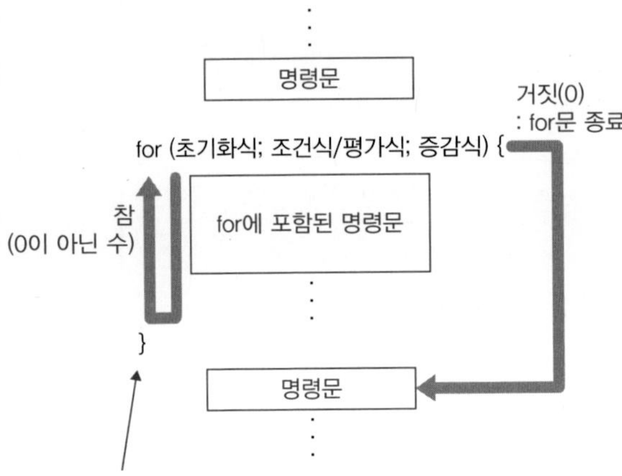

② 중첩된 for문

- for문은 두 번 이상 중첩되어 사용할 수 있다. 이를 외부 for문과 내부 for문으로 설명하면, 외부 for문의 1회 반복에 대하여 내부 for문이 반복되는 구조이다.
- 위의 소스 코드에서는 외부 for문의 제어변수 i가 0일 때 내부 for문의 j가 0부터 2까지 증가하며 반복하는 구조이다. 이어서 외부 for문의 제어변수 i가 1일 때와 2일 때도 동일하게 내부 for문이 반복된다.

소스코드

```c
#include <stdio.h>

int main() {
    int count = 0;

    while(count < 10) {
        count++;

        if(count == 5) {
            continue;
        }

        if(count > 7) {
            break;
        }

        printf("Count: %d\n", count);
    }

    return 0;
}
```

```
Count: 1
Count: 2
Count: 3
Count: 4
Count: 6
Count: 7
```

해설

① break문

반복문에서 break문을 만나면 그 즉시 반복을 종료한다. 따라서 if문과 같이 사용하여 특정 조건을 만족하는 경우 반복을 종료하고자 할 때 사용한다.

② continue문

반복문에서 continue문을 만나면 반복문의 처음으로 되돌아간다. break문과 같은 원리로 if문과 같이 사용하여 특정 조건을 만족하는 경우 반복의 처음으로 되돌아갈 때 사용한다.

소스코드

```c
#include <stdio.h>

int main() {
  int number = 2;

  switch(number) {
    case 1:
      printf("Number is 1.\n");
      break;
    case 2:
      printf("Number is 2.\n");
      break;
    case 3:
      printf("Number is 3.\n");
      break;
    default:
      printf("Number is not 1, 2, or 3.\n");
  }

  return 0;
}
```

출력

```
Number is 2.
```

해설

switch문

- swtich문의 ( )에는 숫자 또는 식을 설정하여 동일한 case문의 명령을 수행한다.
- 동일한 case문을 찾으면 이후에 존재하는 모든 case문의 명령을 수행하므로 break문을 사용하여 switch문을 빠져나가야 한다.
- 동일한 case문을 찾지 못했을 경우에는 default문의 명령을 수행한다.

배열과 포인터

POINT 01 **일차원 배열**

소스코드

```c
#include <stdio.h>

int main() {
   int arr1d[5] = {1, 2, 3, 4, 5};
   int i;

   for(i = 0; i < 5; i++) {
      printf("arr1d[%d] = %d\n", i, arr1d[i]);
   }

   return 0;
}
```

출력

```
arr1d[0] = 1
arr1d[1] = 2
arr1d[2] = 3
arr1d[3] = 4
arr1d[4] = 5
```

일차원 배열

- 배열은 한 개의 변수 이름으로 만들어진 변수의 집합을 말한다.
- 변수 이름 뒤에 있는 [ ] 안에 배열의 크기를 입력하여 변수를 정의할 수 있다.
- { }에 배열의 원소를 지정하여 배열의 초기값을 지정할 수 있다. 만약 생략한다면 0으로 초기화 된다.
- 한 개의 배열 안에는 항상 같은 타입의 데이터를 사용하여야 한다.
- 배열의 원소들은 인덱스를 통해 사용할 수 있는데 인덱스의 시작은 0이다. 따라서 인덱스의 끝은 배열의 크기에서 1을 뺀 것과 같다.
- 일차원 배열의 생성 예

int	arr1d[5]	=	{1, 2, 3, 4, 5};
배열 자료형	배열 이름과 크기		배열의 초기값

arr1d[0]	arr1d[1]	arr1d[2]	arr1d[3]	arr1d[4]
1	2	3	4	5

 이차원 배열

소스코드

```c
#include <stdio.h>

int main() {
    int arr2d[2][3] = {{1, 2, 3}, {4, 5, 6}};
    int i, j;

    for(i = 0; i < 2; i++) {
        for(j = 0; j < 3; j++) {
            printf("arr2d[%d][%d] = %d\n", i, j, arr2d[i][j]);
        }
    }

    return 0;
}
```

```
arr2d[0][0] = 1
arr2d[0][1] = 2
arr2d[0][2] = 3
arr2d[1][0] = 4
arr2d[1][1] = 5
arr2d[1][2] = 6
```


이차원 배열

- 이차원 배열은 두 개의 색인(index)으로 만들어진 배열이다. 두 개의 색인은 각각 행과 열을 의미한다.
- { }에 배열의 원소를 지정하여 배열의 초기값을 지정할 수 있으며 아래의 두 가지 방법은 동일한 초기화 방법이다.

```
int arr2d[2][3] = {{1, 2, 3}, {4, 5, 6}};
int arr2d[2][3] = {1, 2, 3, 4, 5, 6};
```

- 이차원 배열에서 하나의 원소를 사용할 경우 두 개의 색인을 모두 명시해야 한다. 첫 번째 인덱스는 행 색인을 의미하고 두 번째 인덱스는 열 색인을 의미한다.
- 이차원 배열의 생성 예

int	arr2d[2][3]	=	{{1, 2, 3}, {4, 5, 6}};
배열 자료형	배열 이름과 크기(행, 열)		배열의 초기값

행 색인 \ 열 색인	[0]	[1]	[2]
[0]	arr2d[0][0] 1	arr2d[0][1] 2	arr2d[0][2] 3
[1]	arr2d[1][0] 4	arr2d[1][1] 5	arr2d[1][2] 6

소스코드

```c
#include <stdio.h>

int main() {
   int a = 10;
   int *p;

   p = &a;

   printf("%d\n", *p);
   printf("%d\n", ++*p);
   printf("%d\n", a);

   return 0;
}
```

출력

```
10
11
11
```

해설

포인터

- 변수가 저장된 주소를 값으로 취하는 변수를 말한다.
- 포인터는 초기화 이후 사용할 수 있다.
- 포인터는 역 참조 연산(*)을 통해 그 주소가 가리키는 변수에 접근하여 값을 사용할 수 있다.
- 포인터는 가리키고자 하는 변수 타입에 맞추어 포인터 변수를 선언해야 한다.

소스코드

```c
#include <stdio.h>

int main() {
   int arr1d[5] = {1, 2, 3, 4, 5};
   int i;
   int *p;

   p = arr1d;

   for(i = 0; i < 5; i++) {
      printf("arr1d[%d] = %d\n", i, *(p + i));
   }

   printf("\n");

   for(i = 0; i < 5; i++) {
      printf("arr1d[%d] = %d\n", i, *(arr1d + i));
   }

   return 0;
}
```

출력

```
arr1d[0] = 1
arr1d[1] = 2
arr1d[2] = 3
arr1d[3] = 4
arr1d[4] = 5
```

배열과 포인터

- 배열 이름을 포인터에 저장하면 포인터로 배열의 원소를 접근할 수 있다(배열의 이름은 배열의 시작 주소를 말한다).
- 포인터 연산을 하여 배열의 특정 원소를 접근할 수 있으며, 일반 배열처럼 색인(index)을 이용하여, 배열의 원소를 사용할 수도 있다.

POINT 05 포인터(3)

소스코드

```c
#include <stdio.h>

int main() {
    int arr2d[2][3] = {{1, 2, 3}, {4, 5, 6}};
    int i, j;
    int (*pp)[3];
    pp = arr2d;

    for(i = 0; i < 2; i++) {
        for(j = 0; j < 3; j++) {
            printf("arr2d[%d][%d] = %d\n", i, j, *(*(pp+i)+j));
        }
    }

    printf("\n");

    for(i = 0; i < 2; i++) {
        for(j = 0; j < 3; j++) {
            printf("arr2d[%d][%d] = %d\n", i, j, *(*(arr2d+i)+j));
        }
    }

    return 0;
}
```

```
arr2d[0][0] = 1
arr2d[0][1] = 2
arr2d[0][2] = 3
arr2d[1][0] = 4
arr2d[1][1] = 5
arr2d[1][2] = 6
```


배열 포인터(Array Pointer)

- 배열을 가리키는 포인터이다. 즉, 배열의 첫 번째 요소를 가리키는 포인터를 의미한다.
- 배열 포인터는 배열의 특정 행에 대한 포인터로 사용될 수 있으며, 다차원 배열에서 특히 유용하게 활용된다.

POINT 01 함수

소스코드

```c
#include <stdio.h>
int isum(int a, int b);
void hprint(void);
int main(void) {
    int ia, ib, sum;
    hprint();
    while (scanf("%d%d", &ia, &ib) == 2) {
        sum = isum(ia, ib);
        printf("%d과 %d의 합은 = %d\n", ia, ib, sum);
        hprint();
    }
    return 0;
}

int isum(int a, int b) {
    int sum = a + b;
    return sum;
}

void hprint(void) {
    printf("# 정수 2개를 입력하세요 : ");
}
```

입력

```
# 정수 2개를 입력하세요 : 10 20
```

```
10과 20의 합은 = 30
# 정수 2개를 입력하세요 :
```


함수

- 프로그램을 기능별로 나누어 작성한 프로그램 명령어(들)을 모아 놓은 집합을 의미한다.
- 함수 정의 방법

```
리턴타입  함수이름(매개변수)
{
    프로그램 명령어;
       ...
}
```

- 리턴타입 : 함수가 종료되었을 때 함수를 호출한 부분으로 되돌려 주어야 할 값 형식을 의미한다.
  int, float, char 등의 데이터 타입이 사용될 수 있으며 반환 값이 없는 경우 void로 작성한다.
- 매개변수 : 함수를 호출할 때 같이 전달되는 값을 의미한다. 전달할 매개변수가 없는 경우 공백 또
  는 void로 한다.
- 함수 호출 방법

```
함수이름(매개변수)
```

소스코드

```c
#include <stdio.h>
void func(int,int*);
int main() {
    int i=1, j=1;
    printf("i=%d, j=%d\n",i,j);
    func(i, &j);
    printf("i=%d, j=%d\n",i,j);
    return 0;
}
void func(int x, int *y) {
    ++x;
    ++*y;
    printf("i=%d, j=%d\n",x, *y);
}
```

출력

```
i=1, j=1
i=2, j=2
i=1, j=2
```

해설

매개변수 전달 기법

- call by value : 값을 전달하는 방식으로 함수에서 매개변수 값이 변하더라도 함수를 호출한 곳의 변수에 영향을 주지 않는 방식이다(C언어에서 사용되는 방식).
- call by reference : 주소를 전달하는 방식으로 함수에서 매개변수 값이 변하면 함수를 호출한 곳의 변수도 함께 변하는 방식이다.

소스코드

```c
#include <stdio.h>

int factorial(int n) {
  if (n == 0 || n == 1) {
    return 1;
  } else {
    return n * factorial(n - 1);
  }
}

int main() {
  int num = 5;

  int result = factorial(num);

    printf("%d의 팩토리얼은 %d입니다.\n", num, result);

  return 0;
}
```

출력

```
5의 팩토리얼은 120입니다.
```

해설

재귀 함수

- 함수 안에서 자기 자신의 함수를 다시 호출하는 방식을 말한다.
- 재귀 함수는 반복적인 작업이나 패턴을 간결하고 효과적으로 표현하는 데 사용된다.
- 재귀 함수는 호출될 때마다 스택에 호출된 함수의 정보를 저장하고, 종료 조건이 충족될 때까지 스택을 계속 쌓은 후, 종료 조건이 충족되면 스택을 거꾸로 탐색하며 결과를 반환한다.

소스코드

```c
#include <stdio.h>
struct Node {
    int value;
    struct Node* next;
};
// 두 노드의 값을 바꾸는 함수
void swapValues(struct Node* node) {
    while (node != NULL && node->next != NULL) {
        int temp = node->value;
        node->value = node->next->value;
        node->next->value = temp;

        node = node->next->next; // 두 칸 앞으로 이동
    }
}
int main() {
    struct Node a = {10, NULL};
    struct Node b = {20, NULL};
    struct Node c = {30, NULL};
    a.next = &b;
    b.next = &c;

    swapValues(&a);

    struct Node* ptr = &a;
    while (ptr != NULL) {
        printf("%d ", ptr->value);
        ptr = ptr->next;
    }
    return 0;
}
```

```
20 10 30
```


① 구조체(struct)

- 구조체는 여러 변수를 하나의 묶음으로 만드는 사용자 정의 자료형이다.
- struct Node는 int value와 struct Node* next 두 개의 멤버를 갖는다.

```
struct [TagName]
{
    Type1 Name1;
    Type2 Name2;
    ...
    TypeN NameN;
}
```

② 구조체 연산자

- 직접 멤버 연산자(.)의 사용 : 구조체를 위한 연산자로 구조체(공용체)의 멤버에 접근하기 위하여 사용한다.

```
a.next
b.next
```

- 간접 멤버 연산자(->)의 사용 : 포인터를 위한 연산자로 구조체(공용체)의 멤버에 접근하기 위하여 사용한다.

```
ptr->value
ptr->next
```

③ 구조체 포인터(struct Node*)

- 구조체 변수의 주소를 저장하는 포인터이다.
- 연결 리스트에서는 각 노드가 다음 노드를 가리키기 위해 구조체 포인터를 사용한다.
- a.next = &b; 는 구조체 a의 next가 b의 주소를 저장하도록 한다.

소스코드

```c
#include <stdio.h>
#include <string.h>

union Data {
    int i;
    float f;
    char str[20];
};

int main() {
    union Data data;

    data.i = 10;
    printf("data.i = %d\n", data.i);

    data.f = 3.14;
    printf("data.f = %.2f\n", data.f);

    strcpy(data.str, "Hello");
    printf("data.str = %s\n", data.str);

    printf("data.i (after str) = %d\n", data.i);
    printf("data.f (after str) = %.2f\n", data.f);

    return 0;
}
```

출력

```
data.i = 10
data.f = 3.14
data.str = Hello
data.i (after str) = 1819043144
data.f (after str) = 114313912243758250000000000000.00
```

공용체(Union)

- 공용체는 구조체(struct)와 비슷하게 여러 멤버를 가질 수 있는 사용자 정의 자료형이다. 하지만 구조체와 달리, 모든 멤버가 같은 메모리 공간을 공유한다.
- 한 번에 하나의 멤버만 저장할 수 있으며, 가장 큰 멤버의 크기만큼 메모리 공간을 차지한다.

소스코드

```c
#include <stdio.h>

typedef union{
    int a;
    int b;
    int c;
} UType;

int main(){
    UType u;
    u.a= 7;
    printf("u.a: %d, u.b: %d, u.c: %d", u.a, u.b, u.c);
}
```

출력

```
u.a: 7, u.b: 7, u.c: 7
```

해설

Utype u { a, b, c {　7　} } 4바이트

POINT 01 객체의 생성

소스코드

```java
class Circle {
  double radius;

  void displayArea() {
    double area = 3.141592 * radius * radius;
    System.out.println("원의 넓이: " + area);
  }
}

public class Main {
  public static void main(String[] args) {
    Circle myCircle = new Circle();
    myCircle.radius = 5.0;
    myCircle.displayArea();
  }
}
```

원의 넓이: 78.5398

① 클래스의 구조

- 객체지향 언어인 Java는 클래스로 객체를 생성한다.
- 클래스 내부는 멤버변수와 메서드 등의 내용으로 구성된다.
- 클래스의 구조

```
[접근제어자] class 클래스이름(인자들) [extends 상위클래스][implements 인터페이스]{
    멤버변수
    메서드
}
```

② 객체의 생성

- 객체지향 언어는 프로그램의 실행이 객체를 중심으로 수행되므로 정의된 클래스로 프로그램에서 실제 사용해야 할 객체를 생성하게 된다.
- 객체를 생성할 때는 new라는 키워드를 사용하여 생성하며 클래스에 정의되어 있었던 각각 자신의 변수를 가지고 있다.

소스코드

```java
class Student {
   String name = "미입력";
   int age = 0;
   String major = "미입력";

   public Student(String name, int age, String major) {
      this.name = name;
      this.age = age;
      this.major = major;
   }

   public Student(String name, int age) {
      this.name = name;
      this.age = age;
   }

   public Student(String name) {
      this.name = name;
   }

   void display() {
      System.out.println("이름: " + name);
      System.out.println("나이: " + age);
      System.out.println("전공: " + major);
      System.out.println();
   }
}

public class Main {
   public static void main(String[] args) {
      Student student1 = new Student("홍길동", 20, "컴퓨터공학");
      student1.display();
      Student student2 = new Student("김철수", 22);
```

```java
        student2.display();

        Student student3 = new Student("이영진");
        student3.display();
    }
}
```



```
이름: 홍길동
나이: 20
전공: 컴퓨터공학

이름: 김철수
나이: 22
전공: 미입력

이름: 이영진
나이: 0
전공: 미입력
```

해설

생성자

- 클래스의 인스턴스를 초기화하는 특별한 종류의 메서드이다. 즉, 객체가 생성될 때 호출되며, 해당 클래스의 인스턴스 변수를 초기화하고 초기 상태를 설정하는 역할을 담당한다.
- 생성자의 이름은 클래스의 이름과 동일해야 하며 반환 값을 가지지 않는다.
- 클래스는 여러 개의 생성자를 가질 수 있으며, 매개변수의 타입, 개수, 순서 등을 다르게 함으로써 다양한 방식으로 객체를 생성할 수 있다. 이를 생성자 오버로딩(Overloading)이라고 한다.

POINT 01　상속

소스코드

```java
// 부모 클래스
class Animal {
    private String name;
    public Animal(String name) {
        this.name = name;
    }
    public void eat() {
        System.out.println(name + " is eating.");
    }
    public void sleep() {
        System.out.println(name + " is sleeping.");
    }
}
// 자식 클래스
class Dog extends Animal {
    public Dog(String name) {
        super(name);
    }
    public void bark() {
        System.out.println("Woof!");
    }
}
public class Main {
    public static void main(String[] args) {
        Dog dog = new Dog("Buddy");
        dog.eat();
        dog.sleep();
        dog.bark();
    }
}
```

Buddy is eating.
Buddy is sleeping.
Woof!

상속

- 이미 존재하는 클래스의 모든 특성과 동작을 다른 클래스에게 물려줌으로써 코드의 재사용성과 계층적인 구조를 구축하는 데 사용된다.
- 자식 클래스가 부모 클래스를 상속받을 때 extends 키워드를 사용한다.
- 자식 클래스(Dog)는 부모 클래스(Animal)의 특성과 동작을 상속받아 사용할 수 있으며, 자체적으로 추가적인 동작을 정의할 수 있다.

소스코드

```java
// 부모 클래스
class Animal {
   private String name;
   public Animal(String name) {
      this.name = name;
   }
   public void eat() {
      System.out.println(name + " is eating.");
   }
   public void sleep() {
      System.out.println(name + " is sleeping.");
   }
}
// 자식 클래스
class Dog extends Animal {
   public Dog(String name) {
      super(name);
   }

   public void eat() {
      System.out.println("개가 식사 중입니다.");
   }
   public void bark() {
      System.out.println("Woof!");
   }
}
public class Main {
   public static void main(String[] args) {
      Dog dog = new Dog("Buddy");
      dog.eat();
      dog.sleep();
      dog.bark();
   }
}
```

개가 식사 중입니다.
Buddy is sleeping.
Woof!

해설

오버라이딩

- 클래스의 상속 관계에서 부모 클래스에 있는 메서드를 자식 클래스에서 다른 작업을 하도록 동일한 메서드 이름으로 재정의하는 것이다.
- 메서드명과 매개변수의 타입과 개수가 모두 같은 경우 오버라이딩되어 있다고 할 수 있고, 자식 클래스로 객체를 생성하여 부모 메서드를 실행할 경우 오버라이딩된 자식의 메서드만 실행된다.
- 오버라이딩을 통해 자식 클래스는 부모 클래스로부터 상속받은 메서드를 필요에 따라 변경하거나 확장할 수 있다. 자식 클래스에서 오버라이딩된 메서드는 부모 클래스의 동일한 이름과 매개변수를 가지고 있어야 한다.

소스코드

```java
abstract class Animal {
   private String name;
   public Animal(String name) {
      this.name = name;
   }
   public abstract void sound();  // 추상 메서드
   public void eat() {
      System.out.println(name + " is eating.");
   }
}
class Dog extends Animal {
   public Dog(String name) {
      super(name);
   }
   public void sound() {
      System.out.println("Woof!");
   }
}

class Cat extends Animal {
   public Cat(String name) {
      super(name);
   }
   public void sound() {
      System.out.println("Meow!");
   }
}
```

```java
public class Main {
    public static void main(String[] args) {
        Dog dog = new Dog("Buddy");
        Cat cat = new Cat("Whiskers");
        dog.sound();
        dog.eat();
        cat.sound();
        cat.eat();
    }
}
```



```
Woof!
Buddy is eating.
Meow!
Whiskers is eating.
```


추상 클래스

- 자바에서 클래스의 일종으로 객체를 직접 생성할 수 없으며, 상속을 통해 자식 클래스에서 구체화되어 사용된다.
- 추상 클래스는 추상 메서드를 하나 이상 포함한 클래스이다. 추상 메서드는 선언만 있고 구현이 없는 메서드이므로 상속하여 자식 클래스에서 반드시 오버라이딩되어야 한다.

소스코드

```java
interface Shape {
    double calculateArea();
}
class Circle implements Shape {
    private double radius;
    public Circle(double radius) {
        this.radius = radius;
    }
    public double calculateArea() {
        return Math.PI * radius * radius;
    }
}


public class InterfaceExample {
    public static void main(String[] args) {
        Circle circle = new Circle(5);
        System.out.println("Circle Area: " + circle.calculateArea());
    }
}
```

출력

```
Circle Area: 78.53981633974483
```

해설

인터페이스(Interface)

- 클래스와 관련된 추상화의 일종으로, 클래스가 특정 메서드를 구현하도록 강제 정의하는 데 사용된다.
- 메소드의 선언만 있고 몸체가 없는 추상 메소드를 가지며, 다른 클래스에서 이 인터페이스를 구현할 때는 해당 메소드들을 반드시 구현해야 한다.
- 다중 상속을 지원하므로 여러 인터페이스를 동시에 구현할 수 있다.

예외 처리

POINT 01 　예외 처리

소스코드

```java
public class Main {
    public static void main(String args[]) {
        System.out.println(1);
        System.out.println(2);
        try {
            System.out.println(3);
            System.out.println(0/0);
            System.out.println(4);
        } catch (ArithmeticException ae){
            System.out.println(5);
        }
        System.out.println(6);
    }
}
```

```
1
2
3
5
6
```

해설

예외 처리

- 프로그램 실행 중 발생할 수 있는 예외 상황을 처리하는 것으로 예외 처리를 위해 try ~ catch문을 사용하여 예외가 발생할 수 있는 코드를 감싸고, 예외가 발생했을 때 처리할 코드를 작성한다.
- try ~ catch문의 기본 형식

```
try {
    예외가 발생할 만한 실행문
} catch(예외1) {
    예외1이 발생했을 경우, 이를 처리할 실행문
} catch(예외2) {
    예외2가 발생했을 경우, 이를 처리할 실행문
}...
```

POINT 01 1차원 배열

소스코드

```java
public class OneDArrayWithNew {
    public static void main(String[] args) {
        int[] numbers = new int[5];
        numbers[0] = 10;
        numbers[1] = 20;
        numbers[2] = 30;
        numbers[3] = 40;
        numbers[4] = 50;
        System.out.println("배열의 모든 요소:");
        for (int i = 0; i < numbers.length; i++) {
            System.out.println("numbers[" + i + "]: " + numbers[i]);
        }
    }
}
```

출력

```
배열의 모든 요소:
numbers[0]: 10
numbers[1]: 20
numbers[2]: 30
numbers[3]: 40
numbers[4]: 50
```

배열을 만드는 방식

- 간단한 배열 생성 방법

데이터형[] 배열명 = {값1, 값2, …}
예 int[] scores = {90, 85, 78, 92, 88};

- new 키워드를 사용하여 배열을 만드는 방법

데이터형[] 배열명= new 데이터형[개수];
또는
데이터형 배열명[] = new 데이터형[개수];
예 int[] numbers = new int[5];

- 배열을 먼저 만들고 new 키워드를 나중에 사용하여 만드는 방법

데이터형[] 배열명; (또는 데이터형 배열명[];)
배열명= new [개수];
예 int[] numbers;
   numbers = new int[5];

- new 키워드를 사용하는 경우는 배열의 크기를 먼저 정의하고 나중에 값을 채워 넣을 때 유용하다.

소스코드

```java
public class TwoDArrayWithNew {
  public static void main(String[] args) {
    int[][] matrix = new int[2][3];

    matrix[0][0] = 1;
    matrix[0][1] = 2;
    matrix[0][2] = 3;

    matrix[1][0] = 4;
    matrix[1][1] = 5;
    matrix[1][2] = 6;

    System.out.println("2차원 배열의 모든 요소:");
    for (int i = 0; i < matrix.length; i++) {
      for (int j = 0; j < matrix[i].length; j++) {
        System.out.print(matrix[i][j] + " ");
      }
      System.out.println();
    }
  }
}
```

출력

```
1 2 3
4 5 6
```

① 배열을 만드는 방식

- 2차원 배열은 행(row)과 열(column)로 구성된 테이블 또는 격자 형태의 데이터를 저장하는 데 사용되는 자료구조이다. 각 요소는 두 개의 인덱스, 즉 행 인덱스와 열 인덱스를 통해 접근된다. 예를 들어, arr[i][j]는 i번째 행의 j번째 열에 있는 요소에 접근한다.
- 선언과 동시에 초기화 : 배열의 크기와 값을 미리 알고 있을 때 사용한다. 다음 코드는 2행 3열의 배열을 생성하며, 각 행에 초기 값을 할당한다.

```
int[][] matrix = {
    {1, 2, 3},
    {4, 5, 6}
};
```

- new 키워드를 사용하여 선언 : 배열의 크기만 먼저 정하고 나중에 값을 할당할 때 사용한다.

```
int[][] numbers = new int[3][4];
numbers[0][0] = 10;
numbers[2][3] = 99;
```

② 2차원 배열 순회

- 2차원 배열의 모든 요소에 접근하려면 중첩된 반복문(for-loop)을 사용해야 한다.
- 바깥쪽 루프는 행을, 안쪽 루프는 열을 순회하는 것이 일반적이다.

```
int[][] matrix = {
    {10, 20, 30},
    {40, 50, 60}
};
for (int i = 0; i < matrix.length; i++) {    // 행(row) 순회
    for (int j = 0; j < matrix[i].length; j++) {    // 열(column) 순회
        System.out.print(matrix[i][j] + " ");
    }
    System.out.println();    // 한 행의 출력이 끝나면 줄 바꿈
}
```

- matrix.length는 행의 개수를, matrix[i].length는 i번째 행의 열 개수를 의미한다.

③ 가변 배열 (Jagged Array)

- 자바의 2차원 배열은 각 행의 길이가 달라도 된다.
- 이러한 유연성은 메모리를 효율적으로 사용할 수 있게 해준다.

```java
// 3개의 행을 가진 2차원 배열 생성
int[][] jaggedArray = new int[3][];
// 각 행의 열 크기를 다르게 설정
jaggedArray[0] = new int[2];   // 첫 번째 행은 2개의 열
jaggedArray[1] = new int[4];   // 두 번째 행은 4개의 열
jaggedArray[2] = new int[3];   // 세 번째 행은 3개의 열
```

## CHAPTER 05

인터페이스(Interface)와 람다식(Lambda expression)

▶ 합격 강의

소스코드

```java
interface Animal {
    void sound();
    void move();
}

class Dog implements Animal {
    public void sound() {
        System.out.println("멍멍!");
    }
    public void move() {
        System.out.println("강아지가 달립니다.");
    }
}

class Cat implements Animal {

    public void sound() {
        System.out.println("야옹!");
    }
    public void move() {
        System.out.println("고양이가 살금살금 움직입니다.");
    }
}
public class InterfaceExample {
    public static void main(String[] args) {
        Animal dog = new Dog();
        Animal cat = new Cat();
```

```java
        dog.sound();
        dog.move();

        cat.sound();
        cat.move();
    }
}
```

출력

```
멍멍!
강아지가 달립니다.
야옹!
고양이가 살금살금 움직입니다.
```

해설

① 인터페이스(interface)

- 인터페이스를 사용하는 목적 중 하나는 다중 상속을 하기 위해 사용한다.
- 추상 클래스와 비슷한 개념이지만 추상 클래스보다 더 제한적이다.
  추상 클래스와 인터페이스의 차이점
  추상 클래스 : 속성, 일반 메서드, 생성자, 추상 메서드 등을 모두 가질 수 있다.
  인터페이스 : 속성과 추상 메서드만 가질 수 있다. 또한 속성 앞에 static final을 붙여야 한다.

② 인터페이스의 특징

- 추상 메서드 집합 : 기본적으로 메서드는 몸체가 없는 추상 메서드(Java 8 이후부터는 default, static, private 메서드도 허용)이다. 또한, 모든 메서드는 public abstract가 기본값이다.
- 다중 상속 가능 : 클래스는 단일 상속만 가능하지만, 인터페이스는 여러 개 구현(implements)이 가능하다.
- 상수 필드 : 인터페이스에 선언된 변수는 자동으로 public static final(상수)로 취급된다.
- 구현 강제 : 어떤 클래스가 인터페이스를 implements 하면, 그 안의 모든 추상 메서드를 반드시 구현해야 한다.
- 다형성 지원 : 인터페이스 타입의 참조 변수로 여러 클래스 객체를 다룰 수 있다.

소스코드

```java
interface MyFunction {
    int calc(int x, int y);
}


public class YoungJin {
    public static void main(String[] args) {
        MyFunction add = (x, y) -> x + y;
        System.out.println(add.calc(3, 5));
    }
}
```

출력

```
8
```

해설

① 람다식

- 이름 없는 메서드를 간단하게 표현하는 방법.
- 형식

```
(매개변수) -> { 실행문 }
```

매개변수가 하나라면 () 생략 가능하다.
실행문이 한 줄이면 {}와 return도 생략 가능하다.

② 람다식의 특징

- 간결성 : 기존에 익명 클래스(new Runnable() { ... })로 작성하던 코드를 짧게 표현 가능하다.
- 함수형 인터페이스와 함께 사용 : 추상 메서드가 하나만 있는 인터페이스(@FunctionalInterface)와 주로 함께 사용한다. (예) Runnable, Callable, Comparator, Function⟨T,R⟩ 등
- 함수형 프로그래밍 지원 : 자바에서도 메서드를 값처럼 전달할 수 있다. 컬렉션 처리, 스트림 API(map, filter, forEach 등)에서 강력하게 활용된다.

## PART 04

Python

제어문

POINT 01 if~elif~else

소스코드

```python
num = int(input("숫자를 입력하세요: "))

if num > 0:
    print("입력한 숫자는 양수입니다.")
elif num < 0:
    print("입력한 숫자는 음수입니다.")
else:
    print("입력한 숫자는 0입니다.")
```

입력

```
숫자를 입력하세요: 3
```

출력

```
입력한 숫자는 양수입니다.
```

해설

if~elif~else

- if 키워드 뒤에 따라오는 조건이 참(True)인 경우에만 해당 코드 블록을 실행한다.
- elif 키워드는 "else if"의 줄임말로, if 조건이 거짓(False)이고 elif의 조건이 참인 경우 해당 코드 블록을 실행한다. elif 블록은 사용하지 않을 수도 있으며 여러 개가 사용될 수 있다.
- else 키워드는 이전의 모든 조건들이 거짓인 경우에 실행되는 코드 블록을 정의한다. 하나의 조건문에는 하나의 else만 사용될 수 있으며, else 블록은 선택적이다.

소스코드

```python
# 숫자들이 담긴 리스트 생성
numbers = [1, 2, 3, 4, 5]

# 숫자들을 더하는 변수 초기화
total = 0

# for 루프를 사용하여 리스트의 모든 숫자를 더하기
for num in numbers:
    total += num

# 결과 출력
print("리스트의 모든 숫자의 합:", total)

for num in range(6, 10):
    total += num

print("range 함수의 모든 숫자의 합:", total)
```

출력

```
리스트의 모든 숫자의 합: 15
range 함수의 모든 숫자의 합: 45
```

① for

- for 루프는 반복 작업을 수행하는 제어 구조로 시퀀스 데이터(예 리스트, 튜플, 세트, 문자열 등) 내에 있는 각 요소를 차례대로 가져와서 반복 작업을 수행한다.

```
for 요소 in 시퀀스:
    반복 실행할 코드
```

- 요소는 for 루프의 각 반복에서 시퀀스 내의 현재 요소가 할당되는 변수이다. 이 변수는 프로그래머가 지정한 이름으로 사용되며 각 반복마다 요소 변수는 시퀀스의 다음 항목을 가리키게 된다.
- 시퀀스는 for 루프가 반복할 데이터 시퀀스이다. 리스트, 튜플, 세트, 문자열 등이 될 수 있다.

② range( ) 함수

- range() 함수는 숫자 범위를 생성하는 데 사용되는데 주로 for 루프와 함께 사용하며, 반복 횟수가 정해진 반복 작업에 유용하게 활용된다.

```
range(start, stop, step)
```

- start는 숫자 범위의 시작 값을 나타내는 매개변수로, 범위에 포함될 첫 번째 숫자이며 기본값은 0이다.
- stop은 숫자 범위의 끝 값을 나타내는 매개변수로, 범위에 포함되지 않을 마지막 숫자이다. 즉, 범위에는 stop 값보다 작은 숫자들이 포함된다.
- step은 각 숫자 간의 간격을 나타내는 매개변수로, 기본값은 1이다.

파이썬 자료구조

▶ 합격 강의

POINT 01   리스트(List)

소스코드

```python
numbers = []
for i in range(5):
    num = int(input("숫자를 입력하세요: "))
    numbers.append(num)


max_num = max(numbers)
min_num = min(numbers)


print("입력한 숫자들:", numbers)
print("최대값:", max_num)
print("최소값:", min_num)
```

출력

```
숫자를 입력하세요: 1
숫자를 입력하세요: 2
숫자를 입력하세요: 3
숫자를 입력하세요: 4
숫자를 입력하세요: 5
```

입력한 숫자들: [1, 2, 3, 4, 5]
최대값: 5
최소값: 1

리스트(List)

- 리스트(List)는 여러 개의 항목을 순서대로 저장하는 가변(mutable) 자료형이다.
- 리스트 생성의 예

my_list = [1, 2, 3, "hello", True]

- 리스트에서 사용 가능한 매서드

append()	리스트의 끝에 새로운 항목을 추가한다.
insert()	리스트의 특정 인덱스에 항목을 삽입한다.
remove()	리스트에서 특정 값을 가진 첫 번째 항목을 삭제한다.
pop()	리스트의 마지막 항목을 제거하고 해당 값을 반환한다.
index()	특정 값의 첫 번째 인덱스를 반환한다.
count()	특정 값이 리스트에 몇 번 등장하는지 세어준다.

소스코드

```
name = input("이름을 입력하세요: ")
age = int(input("나이를 입력하세요: "))

person_info = (name, age)

print("이름:", person_info[0])
print("나이:", person_info[1])
```

입력

```
이름을 입력하세요: 이영진
나이를 입력하세요: 20
```

출력

```
이름: 이영진
나이: 20
```

해설

튜플(Tuple)

- 튜플은 여러 개의 요소를 저장하는 데 사용되는 데이터 구조로 리스트와 비슷하지만, 한 번 생성되면 변경 불가능(immutable)하다는 점과 순서가 있다는 점이 리스트와 다르다.
- 튜플은 괄호(( ))로 정의하며, 각 요소는 쉼표(,)로 구분한다.
- + 연산자를 사용하여 두 개의 튜플을 결합하거나, * 연산자를 사용하여 튜플을 반복할 수 있다.

소스코드

```python
fruits = {"apple", "banana", "orange", "apple", "pear"}

print("과일 집합:", fruits)

more_fruits = {"banana", "watermelon", "kiwi"}
interPOINT = fruits.intersection(more_fruits)
union = fruits.union(more_fruits)
difference = fruits.difference(more_fruits)


print("교집합:", interPOINT)
print("합집합:", union)
print("차집합:", difference)
```

출력

```
과일 집합: {'apple', 'banana', 'orange', 'pear'}
교집합: {'banana'}
합집합: {'banana', 'watermelon', 'pear', 'apple', 'kiwi', 'orange'}
차집합: {'apple', 'orange', 'pear'}
```

해설

집합(Set)

- 집합은 중복된 값을 허용하지 않고, 순서가 없는 자료구조이다.
- 집합은 중괄호({ })로 정의되며, 각 요소는 쉼표(,)로 구분된다.
- 중복된 값을 자동으로 제거하므로 유일한 값만 저장된다.
- 집합의 주요 연산에는 교집합, 합집합, 차집합 등이 있다.

소스코드

```python
student_scores = {"Alice": 85, "Bob": 90, "Charlie": 78, "David": 95}

print("Alice의 점수:", student_scores["Alice"])

student_scores["Eva"] = 88

student_scores["Bob"] = 92

del student_scores["Charlie"]

for name, score in student_scores.items():
    print(name, ":", score)
```

출력

```
Alice의 점수: 85
Alice : 85
Bob : 92
David : 95
Eva : 88
```

해설

딕셔너리(Dictionary)

- 딕셔너리는 키(Key)와 값(Value)의 쌍으로 이루어진 자료구조이다.
- 키는 중복되지 않으며, 순서가 없고, 값은 중복이 가능하다.
- 딕셔너리는 중괄호({ })로 정의되며, 각 키와 값은 콜론(:)으로 구분되고, 각 쌍은 쉼표(,)로 구분된다.
- 딕셔너리에서 키를 사용하여 값을 검색할 수 있으며, 키를 기준으로 값을 추가, 수정, 삭제할 수 있다.

소스코드

```python
my_list = [1, 2, 3, 4, 5, 6, 7, 8, 9, 10]

slice1 = my_list[2:7]
print(slice1)

slice2 = my_list[:5]
print(slice2) # 출력: [1, 2, 3, 4, 5]

slice3 = my_list[5:]
print(slice3) # 출력: [6, 7, 8, 9, 10]

slice4 = my_list[-2:]
print(slice4) # 출력: [9, 10]

reverse_list = my_list[::-1]
print(reverse_list) # 출력: [10, 9, 8, 7, 6, 5, 4, 3, 2, 1]
```

출력

```
[3, 4, 5, 6, 7]
[1, 2, 3, 4, 5]
[6, 7, 8, 9, 10]
[9, 10]
[10, 9, 8, 7, 6, 5, 4, 3, 2, 1]
```

해설

슬라이싱(Slicing)

- 슬라이싱(Slicing)은 시퀀스 자료형(예 리스트, 튜플, 문자열 등)에서 원하는 부분을 추출하는 방법이다.
- 슬라이싱은 시퀀스의 일부분을 선택하여 새로운 시퀀스를 만드는 데 사용되는데, 이때 인덱스를 이용하여 원하는 범위를 지정하는 방법으로 수행된다.

```
sequence[start:stop:step]
```

- sequence : 슬라이싱할 시퀀스 자료형(예 리스트, 튜플, 문자열)의 이름이다.
- start : 슬라이싱의 시작 인덱스를 지정한다. 기본값은 0이다.
- stop : 슬라이싱의 끝 인덱스를 지정하는데 이 인덱스 미만까지의 요소를 선택한다. 기본값은 시퀀스의 끝 인덱스이다.
- step : 슬라이싱의 간격을 지정한다. 기본값은 1이다.

POINT 01 **함수**

소스코드

```python
def add_numbers(x, y):
    return x + y

def multiply_numbers(x, y):
    return x * y

result1 = add_numbers(3, 5)
result2 = multiply_numbers(2, 4)

print("두 수의 합:", result1)
print("두 수의 곱:", result2)
```

출력

```
두 수의 합: 8
두 수의 곱: 8
```

해설

함수(Function)

- 함수는 특정 작업을 수행하는 코드 블록으로 재사용 가능한 코드를 함수로 정의하여 프로그램의 구조를 모듈화하고, 코드를 더 효율적으로 관리할 수 있다.
- 함수는 def 키워드를 사용하여 정의되며, 함수 이름과 매개변수를 갖는다.
- 함수 정의는 함수의 이름, 매개변수, 동작 코드(함수의 몸체)로 구성된다. 함수를 호출할 때 매개변수에 인자를 전달하여 함수의 동작을 수행한다.
- 함수는 return 키워드를 사용하여 결과값을 반환할 수 있다. 만약 return문이 없으면 함수는 자동으로 None을 반환한다.

소스코드

```python
add_lambda = lambda x, y: x + y

multiply_lambda = lambda x, y: x * y

result1 = add_lambda(3, 5)
result2 = multiply_lambda(2, 4)

print("두 수의 합 (람다 함수):", result1)
print("두 수의 곱 (람다 함수):", result2)
```

출력

```
두 수의 합 (람다 함수): 8
두 수의 곱 (람다 함수): 8
```

해설

람다 함수(Lambda Function)

- 익명 함수(이름 없는 함수)로, 간단한 기능을 한 줄로 작성할 때 사용된다.
- lambda 키워드를 사용하여 정의되며, 매개변수와 표현식으로 이루어져 있다.
- 주로 간단한 연산이나 함수에서만 사용되어야 하며, 복잡한 기능은 일반 함수로 정의하는 것이 바람직하다.

CHAPTER 04 클래스(Class)

POINT 01 클래스 기본

소스코드

```python
class Car:
    def __init__(self, name, fuel, seater):
        self.name = name
        self.fuel = fuel
        self.seater = seater

    def refuel(self, amount=0):
        self.fuel += amount
        print("주유 완료되었습니다. 현재 연료:", self.fuel)

    def get_seater(self):
        print(f"{self.seater}인승 입니다.")

    def get_car_name(self):
        print(f"차 이름은 {self.name}입니다.")

    def go_forward(self):
        print("직진 합니다.")

    def go_back(self):
        print("후진 합니다.")

    def go_left(self):
        print("좌회전 합니다.")

    def go_right(self):
        print("우회전 합니다.")
```

```python
car1 = Car("승용차", 100, 4)
car1.get_car_name()
car1.get_seater()
car1.refuel(50)
car1.go_forward()
car1.go_back()
car1.go_left()
car1.go_right()
```



```
차 이름은 승용차입니다.
4인승 입니다.
주유 완료되었습니다. 현재 연료: 150
직진 합니다.
후진 합니다.
좌회전 합니다.
우회전 합니다.
```


① 클래스(Class)

- 클래스는 객체(Object)를 만들기 위한 설계도이다.
- 데이터(속성)와 기능(메서드)을 묶어서 하나의 새로운 자료형(객체)을 만들 수 있게 해주는 도구이다.
- 클래스 안에는 속성(변수)과 행동(메서드)이 정의된다.
- 클래스로부터 만들어진 개별 객체를 인스턴스(instance)라고 한다.

② 파이썬 클래스(Class)의 구성

- __init__ : 객체가 생성될 때 자동으로 호출되는 생성자 메서드이다.
- self : 자기 자신(해당 객체)을 가리킨다.

소스코드

```python
class Operator:
    def __init__(self, a, b):
        self.a = a
        self.b = b

    def operation(self):
        raise NotImplementedError("이 메서드는 하위 클래스에서 구현해야 합니다.")

class Add(Operator):
    def operation(self):
        return self.a + self.b

class Subtract(Operator):
    def operation(self):
        return self.a - self.b

class Multiplier(Operator):
    def operation(self):
        return self.a * self.b

class Division(Operator):
    def operation(self):
        if self.b == 0:
            return "0으로 나눌 수 없습니다."
        return self.a / self.b

add = Add(1, 3)
print("덧셈:", add.operation())

sub = Subtract(1, 3)
print("뺄셈:", sub.operation())
```

```
mul = Multiplier(1, 3)
print("곱셈:", mul.operation())


div = Division(1, 3)
print("나눗셈:", div.operation())
```



```
덧셈: 4
뺄셈: -2
곱셈: 3
나눗셈: 0.3333333333333333
```


① 상속(Inheritance)

- 상속은 이미 만들어진 클래스(부모 클래스, Parent)의 속성과 메서드를 재사용하고, 새로운 기능을 추가하거나 수정하여 새로운 클래스(자식 클래스, Child)를 만드는 것을 말한다.
- 상속을 통해 코드의 중복을 줄이고 재사용성을 높일 수 있다.
- 상속 구조

```
class Parent:
    def greet(self):
        print("안녕하세요, 부모 클래스입니다.")

class Child(Parent):   # Parent 상속
    pass

c = Child()
c.greet()   # 부모 클래스의 메서드 사용 가능
```

② **오버라이딩(Overriding)**

- 오버라이딩은 상속받은 부모 클래스의 메서드를 자식 클래스에서 재정의하는 것을 말한다.
- 같은 이름의 메서드를 새롭게 정의하면, 자식 클래스 객체는 부모의 메서드가 아닌 자식 클래스의 메서드를 사용한다.
- 오버라이딩 구조

```python
class Parent:
    def greet(self):
        print("안녕하세요, 부모 클래스입니다.")

class Child(Parent):
    def greet(self):   # 오버라이딩
        print("안녕하세요, 자식 클래스입니다.")

c = Child()
c.greet()
```

MEMO

모두에게 당신의 합격 스토리를 들려주세요
합격 후기 EVENT

합격하고 마음껏 자랑하세요.
후기를 남기면 네이버페이 포인트를 선물로 드려요.

블로그에 자랑 남기기

개인 블로그에
합격 후기 작성하고 20,000원 받기!

20,000원
네이버페이 포인트 지급

▲ 자세히 보기

카페에 자랑 남기기

이기적 스터디 카페에
합격 후기 작성하고 5,000원 받기!

5,000원
네이버페이 포인트 지급

▲ 자세히 보기

※ 자세한 참여 방법은 QR코드 또는 이기적 스터디 카페 '이기적 이벤트' 게시판을 확인해 주세요.

※ 이벤트에 참여한 후기는 추후 마케팅 용도로 활용될 수 있으며 혜택은 변동될 수 있습니다.

한번에 합격, 자격증은 이기적

이기적 스터디 카페

합격 전담 마크! 추가 자료부터
1:1 Q&A까지 다양한 혜택 받기

365 이벤트

매일 쏟아지는 이벤트!
도서 리뷰, 합격 후기, 정오표

100% 무료 강의

인증만 하면 교재와 연계된
고퀄리티 강의가 무료

구매 인증 혜택

스터디 카페 인증하면
최신 합격 자료 제공

이기적 스터디 카페

홈페이지 : license.youngjin.com
질문/답변 : cafe.naver.com/yjbooks

이기적 유튜브 채널

@ydot0789 채널을 구독해 주세요!
15만 구독자와 약 10,000개의 동영상으로 합격을 준비하세요!

이기적 카카오톡 플러스친구

@이기적 친구를 추가해 주세요!
합격을 부르는 소식, 카톡으로 먼저 받아보고 혜택을 챙기세요!

핵심 공략집
프로그래밍 언어

YoungJin.com Y.

SQL
C
Java
Python

26

·2026년 수험서·

수험서 29,000원

13000

9 788931 480405

ISBN 978-89-314-8040-5

YoungJin.com Y.
영진닷컴

이기적 유튜브 채널

유튜브에서 이기적 영진닷컴을 검색해보세요!

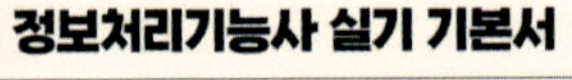

교재 연계 동영상 강의

저자 직강 무료 강의

시험 관련 특별 강의

그 밖의 다양한 콘텐츠

구독자 수
약 15만 명

업로드 영상
약 9천 개

누적 조회수
약 5500만 회

이기적
이기적 영진닷컴
@ydot0789
구독자 14.4만명 · 동영상 9천개

컴퓨터활용능력, 정보처리기사 등 다양한 수험서 및 실용서를 출간하고 있는 영진닷컴의 "이기적 수험서 공식 채널"입니다. ...더보기

license.youngjin.com 외 링크 7개

🔔 구독중 ∨

홈 　 동영상 　 Shorts 　 재생목록 　 게시글

이기적 영진닷컴 🔍